VENTE

du Samedi 14 Mai 1904

HOTEL DROUOT, SALLE N° 10

A 2 HEURES 1/2

TABLEAUX

Anciens et Modernes

PASTELS — GOUACHES — DESSINS

Mᵉ LAIR DUBREUIL, Commissaire-Priseur

M. Hector BRAME, Expert

CATALOGUE

DES

TABLEAUX

Anciens et Modernes

PASTELS, GOUACHES, DESSINS

PAR OU ATTRIBUÉS A

Bellangé (H.), Berghem, Breughel, Charlet, Charlier
Chintreuil, Cormon, Coypel, Cuyp, Delacroix
Diaz, Dreux (Afred de), Dupré (J.), Fromentin, Gérôme, Greuze
Guardi, Ingres, Lancret, Lantara, Lemoine
Le Roux (Ch.), Maës (N.), Nanteuil, Renouard, Saft Leven
Tiépolo, Valadon, etc.

dont la vente aura lieu

HOTEL DROUOT — SALLE N° 10

Le Samedi 14 Mai 1904

A 2 HEURES 1/2

Mᵉ F. LAIR-DUBREUIL	**M. Hector BRAME**
COMMISSAIRE-PRISEUR	EXPERT
6, Rue de Hanovre, 6	*2, Rue Laffitte, 2*

Chez lesquels se trouve le présent catalogue

EXPOSITION PUBLIQUE

Le Vendredi 13 Mai 1904, de 2 heures à 6 heures

CONDITIONS DE LA VENTE

La vente sera faite au comptant.

Les acquéreurs paieront *dix pour cent* en sus des prix d'adjudication.

Aucune réclamation ne sera admise une fois l'adjudication prononcée.

Paris — Imp. C. CHAUFOUR, 8-10, rue Milton

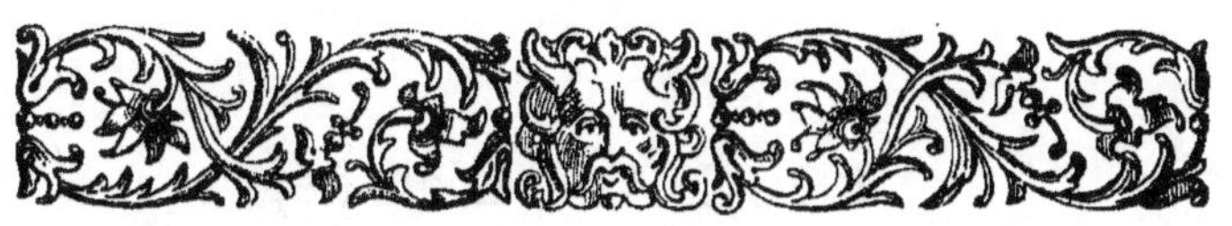

DÉSIGNATION

BAUR

1 — Marine.

Haut. : 0^{m}55. Larg. : 0^{m}76.

BELLANGÉ (H.)

2 — Le Cuirassier blessé.

Aquarelle.

Haut. : 0^{m}35. Larg. : 0^{m}45.

BERGHEM

3 — Bergère et son troupeau.

Haut. : 0^{m}40. Larg. : 0^{m}34.

BOUCHER (École de)

4 — L'Automne.

Haut. : o^{m}6o. Larg. : o^{m}75.

BOUCHER (École de)

5 — L'Eté.

Pendant au précédent.

Haut. : o^{m}6o. Larg. : o^{m}75.

BREUGHEL

6 — L'arche de Noé.

Haut. : o^{m}54. Larg. : o^{m}7o.

BREUGHEL (Attribué à)

7 — Place dans un village.

Haut. : o^{m}25. Larg. : o^{m}35.

CHARLET (Attribué à)

8 — Pêcheuse au bord de la mer.

Sépia.

Haut. : o^{m}25. Larg. : o^{m}2o.

CHARLIER

9 — Baigneuse vue de dos.

Gouache.

Haut. : 0^m16. Larg. : 0^m12.

CHINTREUIL

10 — Effet du soir.

Gouache.

Haut. : 0^m25. Larg. : 0^m42.

CORMON

11 — Guerrier gaulois.

Haut. : 0^m50. Larg. : 0^m35.

COYPEL (?)

12 — Hercule aux pieds d'Omphale.

Haut. : 0^m49. Larg. : 0^m55.

CROM

13 — Paysage.

Haut. : 0^m25. Larg, : 0^m40.

CUYP (Benjamin) (Attribué à)

14 — Marine.

Haut. : 0m50. Larg. : 0m80.

DELACROIX (Attribué à)

15 — Tigre et serpent.

Dessin rehaussé d'aquarelle.

Haut. : 0m30. Larg. : 0m37.

DELACROIX (Attribué à)

16 — Dessin.

Haut. : 0m 20. Larg. : 0m30.

DIAZ (Attribué à)

17 — Enfants agaçant un faucon.

Haut. : 0m12. Larg. : 0m20.

Au dos on lit : J'atteste que ce tableau est
de mon père. Signé Eug. Diaz, 21 juin 1886.

DE DREUX (Alfred)

18 — Etalon de robe pie.

> Il est dans un haras, prêt à franchir une barrière.

> Haut. : 0ᵐ80. Larg. : 1ᵐ.

> Vente Berthelier.
> Vente Morkau Chaslon, 1889, n° 41 du catalogue.

DUDLEY HARDY

19 — Portrait d'enfant.

> Haut. : 0ᵐ65. Larg. : 0ᵐ52.

(DUPRÉ J.)

20 — La forêt de Fontainebleau.

> Etude.

> Haut. : 0ᵐ27. Larg. : 0ᵐ25.

FRAGONARD (Attribué à)

21 — La mort d'un guerrier.

> Haut. : 0ᵐ40. Larg. : 0ᵐ52.

FROMENTIN

22 — Cavalier arabe.

Etude, dessin.

Haut. : 0ᵐ45. Larg. : 0ᵐ3o

GÉROME

23 — Tête d'oriental.

Haut. : 0ᵐ40. Larg. : 0ᵐ28.

GREUZE (Ecole de)

24 — Tête de jeune fille.

Haut. : 0ᵐ45. Larg. : 0ᵐ35.

GREUZE (Attribué à)

25 — Tête de jeune fille.

Tableau de jolie qualité.

Haut. : 0ᵐ44. Larg. : 0ᵐ36.

GUARDI

26 — Ville au bord de la mer.

Cadre ancien en bois sculpté.

Haut. : 0ᵐ32. Larg. : 0ᵐ47.

GUARDI

27 — Ruines au bord de la mer.

Pendant au précédent.

Cadre ancien en bois sculpté.

Haut. : 0ᵐ32. Larg. : 47.

INGRES (Attribué à)

28 — Portrait de Châteaubriand.

Dessin.

Haut. : 0ᵐ25. Larg. : 0ᵐ23.

LANCRET (Attribué à)

29 — Récréation champêtre.

Composition de huit figures.

Haut. : 0ᵐ86. Larg. : 0ᵐ66.

LANTARA

30 — Bords de rivière.

Haut. : 0ᵐ08. Larg. : 0ᵐ14.

LANTARA

31 — Paysage et animaux.

Pendant au précédent.

Haut. : 0ᵐ08. Larg. : 0ᵐ14.

LEMOINE

32 — Saint Jean-Baptiste prêchant.

Toile. Haut. : 0m63. Larg. : 0m52.

LE ROUX (Ch.)

33 — Paysage.

Haut. : 1m20. Larg. : 1m80.

LE ROUX (CHARLES)

34 — La Garenne.

Haut. : 0m55. Larg. : 0m95.

LE ROUX (CHARLES)

35 — Lisière de forêt.

Au premier plan, trois bûcheronnes.

Haut. : 1m25. Larg. : 2m.

MAES (Attribué à NICOLAS)

36 — Princesse hollandaise.

Haut. : 0m51. Larg. : 0m31.

MÉLIDA

37 — La sortie de la Sacristie après un mariage à Séville.

Haut. : 0ᵐ40. Larg. : 0ᵐ62.

MIRALÈS

38 — La marchande de fleurs.

Haut. : 0ᵐ54. Larg. : 0ᵐ37.

NANTEUIL

39 — Le Lavoir.

Dessin.

Haut. : 0ᵐ15. Larg. : 0ᵐ25.

OUDRY (Genre de)

40 — Bête traquée par des chiens.

Haut. : 0ᵐ40. Larg. : 0ᵐ82.

REBURN

41 — Portrait d'homme.

| Haut. : 0ᵐ77. Larg. : 0ᵐ63.

RENOUARD

42 — Portrait et Indien.

Deux dessins dans un cadre.

Haut. : 0ᵐ25. Larg. : 0ᵐ40.

RENOUARD

43 — Etudes faites en Angleterre.

Haut. : 0ᵐ25. Larg. : 0ᵐ65.

ROHMANN (R.)

44 — Vase de chrysanthèmes.

Haut. : 0ᵐ72. Larg. : 0ᵐ52.

RUBENS (D'après)

45 — Dieu donne à saint Roch le pouvoir de guérir la peste.

Haut. : 0ᵐ80. Larg. : 0ᵐ65.

SAFTLEVEN

46 — Paysage avec animaux.

Haut. : 0ᵐ60. Larg. : 0ᵐ80.

TÉNIERS (Ecole de)

47 — Scène de cabaret champêtre.

Haut. : 0ᵐ25. Larg. : 0ᵐ35.

TIEPOLO (Attribué à)

48 — Esquisse.

Haut.: 0m40. Larg. : 0m45.

VALADON (J.)

49 — Nature morte.

Haut. : 0m31. Larg. : 0m20.

VALADON (J.)

50 — Nature morte.

Haut. : 0m35. Larg. : 0m45.

VALLIN

51 — Tête de bacchante.

Ovale.

Haut.: 0m59. Larg. : 0m45.

VAN DYCK (Attribué à)

52 — Tête de saint.

Esquisse.

Haut. : 0m75. Larg. : 0m60.

ECOLE ALLEMANDE

53 — Episodes de la vie de Jacob.

Triptyque.

Haut. : 1ᵐ. Larg. : 1ᵐ60.

ECOLE ANGLAISE

54 — Tête de femme souriante.

Haut.: 0ᵐ45. Larg.: 0ᵐ35.

ECOLE FLAMANDE

55 — Nature morte.

Cuivre.

Haut. : 0ᵐ11. Larg.: 0ᵐ18

ECOLE FLAMANDE

56 — L'Adoration des Mages.

Ovale.

Haut. : 1ᵐ20. Larg.: 1ᵐ.

ECOLE FLAMANDE

57 — L'Offrande.

Haut.: 0ᵐ73. Larg.: 1ᵐ.

ECOLE FLAMANDE

58 — Le Christ et les larrons.

Haut. : 0ᵐ32. Larg. : 0ᵐ25.

ECOLE FLAMANDE

59 — Portrait d'homme.

Haut : 0ᵐ31. Larg. : 0ᵐ20.

ECOLE FRANÇAISE

60 — La Toilette.

Cadre en bois sculpté.

Haut. : 0ᵐ54. Larg. : 0ᵐ40.

ECOLE FRANÇAISE

61 — Choc de cavalerie.

Haut. : 0ᵐ55. Larg. : 0ᵐ80.

ECOLE FRANÇAISE

62 — Vestales.

Haut. : 1ᵐ05. Larg. 1ᵐ10.

ECOLE FRANÇAISE

63 — Portrait de Roslin et de sa femme.

Haut. 0m32. Larg. 0m40.

ECOLE FRANÇAISE

64 — Nature morte, Champignons.

Haut. : 0m25. Larg. : 0m50.

ECOLE FRANÇAISE

65 — Diane et Endymion.

Haut. : 0m76. Larg. 1m.

ECOLE FRANÇAISE

66 — Portrait de femme.

Pastel.

Paut. : 0m57. Larg. : 0m46.

ECOLE FRANÇAISE

67 — Portrait de François Ier.

Haut. : 0m26. Larg. : 0m21.

ECOLE FRANÇAISE

68 — Portrait de femme.

Haut. : 0m75. Larg. : 0m37.

ECOLE FRANÇAISE

69 — Portrait de femme.

Cadre en bois.
Ovale.

Haut.: 0m75. Larg. : 0m60.

ECOLE ITALIENNE

70 — Jeune pâtre gardant un troupeau de chèvres.

Haut. : 0m55. Larg. : 0m65.

ECOLE ITALIENNE

71 — Hercule et le centaure Nessus.

Haut. : 0m65. Larg. : 0m85.

ECOLE HOLLANDAISE

72 — Paysage au bord de la mer.

Haut. : 0m51. Larg. : 0m89.

ECOLE HOLLANDAISE

73 — La caravane.

Haut. : 0ᵐ40. Larg. : 0ᵐ55.

ECOLE MODERNE

74 — Paysage.

Haut. : 0ᵐ40. Larg. : 0ᵐ57.

ECOLE MODERNE

75 — Après la bataille.

Haut. : 0ᵐ26. Larg. : 0ᵐ35.

ECOLE MODERNE

76 — Portrait d'homme.

Haut. : 0ᵐ45. Larg. : 0ᵐ38.

77 — Tableaux omis.